© Textos: Ana Alonso, 2022
© Ilustraciones: Violeta Monreal, 2022

© Grupo Anaya, S. A., 2022
Juan Ignacio Luca de Tena, 15. 28027 Madrid
www.anayainfantilyjuvenil.com

Diseño: Óscar Muinelo

ISBN: 978-84-698-9100-1
Depósito legal: M-8816-2022

Impreso en España - Printed in Spain

PAPEL DE FIBRA CERTIFICADA

Reservados todos los derechos. El contenido de esta obra está protegido por la Ley, que establece penas de prisión y/o multas, además de las correspondientes indemnizaciones por daños y perjuicios, para quienes reprodujeren, plagiaren, distribuyeren o comunicaren públicamente, en todo o en parte, una obra literaria, artística o científca, o su transformación, interpretación o ejecución artística fijada en cualquier tipo de soporte o comunicada a través de cualquier medio, sin la preceptiva autorización.

Tesoros naturales
que debemos proteger

Ana Alonso
Violeta Monreal

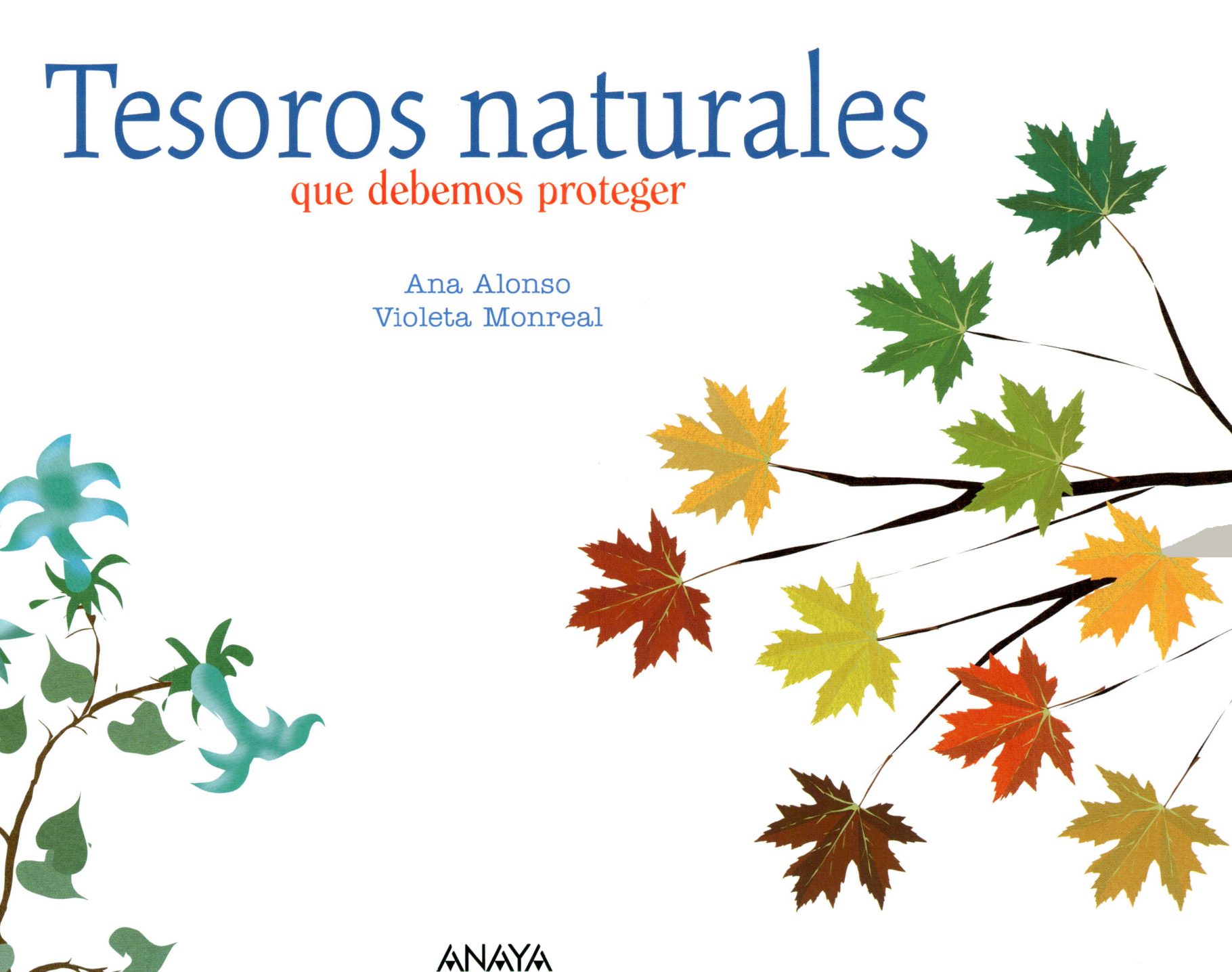

ANAYA

Índice

El bosque más mágico — 10
    Bosque de Merlín

El volcán más bello — 14
    Monte Fuji

El desierto más inquietante — 18
    Desierto de Namib

El abismo más profundo — 22
    Fosa de las Marianas

La selva más grande — 26
    Selva del Amazonas

El mar de sal más blanco — 30
    Desierto de Uyuni

La isla más bella — 34
    Bora Bora

La montaña más alta — 38
    Monte Everest

Las cataratas más poderosas — 42
    Cataratas del Niágara

El árbol más gordo	46
Árbol de Tule	
El río más hermoso	50
Río Caño Cristales	
El lago más brillante	54
Lago de las Cinco Flores	
Las cuevas más refrescantes	58
Cuevas del Algarve	
La bahía más asombrosa	62
Bahía de Ha-Long	
El arrecife más largo	66
Gran Barrera de Coral	
El lugar más frágil	70
Océano Glacial Ártico	
Glosario	74
Para hablar sobre la naturaleza	
Días señalados	76
Para recordar el respeto por la naturaleza	

Un viaje inolvidable
Que te dejará huella

Hay tesoros que no están escondidos en un cofre bajo la tierra de una isla desierta. Son lugares que pueden visitarse de verdad, aunque parecen irreales por su belleza. Prepárate a ensanchar los límites de tu imaginación, porque en estas páginas vas a descubrir montañas que surgen directamente del mar, desiertos inmensos y asombrosos, árboles legendarios, lagos de ensueño, ríos de extraños colores, cuevas de cuento de hadas, llanuras heladas donde no se pone nunca el sol... Son los parajes naturales más increíbles del planeta. Conocerás sus historias, sus animales y sus plantas, y comprenderás por qué son joyas que debemos preservar entre todos. Sumérgete en las maravillosas ilustraciones de Violeta, lee y disfruta de un viaje que nunca olvidarás.

Ana Alonso

Piel de agua y tierra
Cuida lo que tienes cerca

Seleccionar tesoros naturales que debemos proteger es una labor hermosa. La sensibilidad de Ana al escribir sobre ellos te desvelará algunos de los más impresionantes y te ayudará a descubrir, además, que el bosque cercano a tu casa puede ser mágico, o que cualquier riachuelo que serpentea sobre una pradera puede ser el más bello. Cuando acabes de leer este libro, sabrás que hay tesoros cerca de ti que, también, merecen protección. El corazón de nuestro planeta, con piel de agua y tierra, agradece que todos los habitantes que viven en él conozcan las tres leyes básicas de la naturaleza. Los animales y los vegetales las saben desde siempre, y los seres humanos debemos aprenderlas también:

1. Eres un invitado, respeta.
2. Estás de paso, mantiene.
3. Escucha su voz, cuida.

Violeta Monreal

El bosque más mágico
Bosque de Merlín
Brocéliande, Bretaña francesa, Francia, Europa.

Muchas de las aventuras del mago Merlín y de los personajes de la corte del rey Arturo se sitúan en el bosque de Brocéliande, una gran extensión de hayas y robles que coincide con el actual bosque de Paimpont, en la Bretaña francesa.

Todavía es posible visitar el lugar, recorrer sus caminos señalizados y descubrir los numerosos enclaves asociados a la mitología artúrica.

Por ejemplo, el Valle sin Retorno, donde se cree que el hada Morgana encerraba a todos los caballeros que habían traicionado a sus damas, hasta que Lancelot, que jamás fue infiel a su amada Ginebra, rompió el hechizo y los liberó. O la misteriosa fuente de Barenton, que, según la leyenda, puede provocar tormentas. Muy cerca, en la fuente de Jouvence, los druidas de la antigua cultura celta lavaban a los recién nacidos el día del solsticio de verano… Y entre las grandes rocas de los monumentos megalíticos, dicen que se conserva el refugio mágico de Viviana, la Dama del Lago.

Viviana, la Dama del Lago
La leyenda del bosque de Brocéliande

Hay quien cree que el gran mago Merlín, que fue maestro y consejero del rey Arturo, se encuentra todavía prisionero en el bosque de Brocéliande. Al parecer, estaría en el interior de un gran roble hueco donde lo encerró Viviana, la Dama del Lago, después de aprender de él todos sus secretos.

Según la leyenda, Viviana era una joven de gran belleza y talento para la magia. Una tarde fue a ver a Merlín y le pidió que le transmitiese todos sus conocimientos sobre sortilegios, hechizos y pociones. Merlín accedió a cambio de que ella se comprometiese a entregarle su amor cuando terminase el entrenamiento. Pero a Viviana no le gustó que le impusiera aquel trato, y decidió encerrar a Merlín para no tener que cumplirlo.

Cuentan que Merlín, con sus poderes de adivinación, vio lo que le iba a hacer Viviana en el futuro, pero no trató de impedirlo porque había enloquecido de amor.

Bosque de Merlín

Roble de Guillotin
Un árbol con cueva

Este roble es el más antiguo que queda en el bosque de Brocéliande. Con una circunferencia de diez metros, se calcula que tiene más de mil años. Cada una de sus ramas es gruesa como un tronco, y en su rugosa corteza se oculta una caverna donde los niños solían esconderse, hasta que los científicos descubrieron que aquel juego podía ser peligroso para el viejo árbol.

Mirlo
El amigo de Merlín

Se cree que el nombre del mago Merlín tiene su origen en esta especie de pájaro de plumaje oscuro y pico intensamente amarillo. Se trata de un ave habitual en los bosques y jardines europeos. Según la antigua tradición celta, cuando un mirlo se nos aparece nos está indicando un camino de conocimiento y de investigación de nuestro mundo interior. También es el ave asociada a las forjas de hierro, que a partir del siglo XVII fueron muy importantes en Brocéliande.

Peligro de incendio
El cuidado de los bosques

En el año 1976 se produjeron en el bosque de Brocéliande una serie de incendios devastadores que destruyeron muchísimas hectáreas de árboles. Para evitar que se repitiera la tragedia, se instaló en el bosque una estación biológica dependiente de la Universidad de Rennes. Con la colaboración de las poblaciones locales, este centro intenta concienciar a los turistas para prevenir el riesgo de nuevos incendios.

Proverbio celta
Sobre el viaje

«Tus pies te llevarán allí donde esté tu corazón».

El volcán más bello
Monte Fuji
Isla de Honshu, Japón, Asia.

El verdadero nombre del monte Fuji en japonés es *Fujisan*, y nadie sabe exactamente de dónde procede. Con sus 3776 metros de altitud, se trata de la montaña más alta de Japón, y, aunque hace tres siglos que no emite lava, todavía es un volcán en activo.

A lo largo de los siglos, la elegante silueta del monte Fuji, con sus laderas boscosas y su cima nevada, ha inspirado a generaciones y generaciones de artistas japoneses. Antiguamente se consideraba un lugar sagrado, y hasta finales del siglo xix las mujeres tenían prohibido subir a la cumbre.

Actualmente se ha convertido en un importante destino turístico, sobre todo para los alpinistas. La mayoría de los que acometen el ascenso a su cima escalan durante la noche, para contemplar el amanecer desde lo más alto.

Kaguya, 'luz brillante'
La leyenda de la hija de la Luna

En las laderas del monte Fuji vivía un matrimonio de ancianos. El hombre cortaba bambú, y la mujer fabricaba objetos con las cañas y luego los vendía.

Una tarde, mientras cortaba bambú, el hombre vio que uno de los tallos resplandecía. Lo cortó con cuidado y, al mirar en su interior, descubrió a una niña diminuta. El hombre la llevó a su casa, y su mujer se llevó una gran alegría al verla.

—¡Será la hija que nunca hemos tenido! —dijo.

Le pusieron de nombre Kaguya, que significa 'luz brillante'. A partir de aquel día, el anciano encontraba oro dentro de cada bambú que cortaba, y pronto se hicieron ricos. Kaguya creció hasta convertirse en una bella joven, y el emperador se enamoró de ella. Pero la muchacha era hija de la Luna, y una noche, antes de que el emperador fuese a buscarla, la Luna se la llevó envuelta en luz.

Monte Fuji

Cerezo en flor
Un árbol para la celebración

En el monte Fuji podemos encontrar árboles como el cerezo. La flor del cerezo, conocida como sakura en japonés, es tan bella que se convierte en un motivo de celebración. La floración de los cerezos es un evento social en el que las familias y los amigos se reúnen para compartir comidas y bebidas tradicionales preparadas para la ocasión.

La contaminación del aire
Un peligro para todos los seres vivos

El monte Fuji, símbolo sagrado de Japón, registra niveles de mercurio superiores a la media nacional debido a la contaminación atmosférica procedente del continente asiático.

La contaminación del aire es uno de los muchos peligros que acechan a nuestros tesoros naturales. Es la presencia en el ambiente de sustancias o elementos dañinos para los seres humanos y para los demás seres vivos.

Macaco japonés
El mono de las nieves

En el monte Fuji podemos también encontrar el macaco japonés. Exceptuando al ser humano, son los primates que viven más al norte. Solo se hallan en los bosques y montañas de las islas japonesas. Son muy inteligentes y sociables, y les gusta bañarse en las aguas termales de la zona.

Proverbio japonés
Sobre la sabiduría

«Un hombre sabio sube el monte Fuji una vez en su vida, solo un necio lo sube dos veces».

El desierto más inquietante
Desierto de Namib
Namibia, África del Sur.

El desierto más viejo de la Tierra se encuentra en la costa suroriental de África, y ya existía en la época de los dinosaurios. Es el desierto de Namib, que en lengua nama significa 'enorme'. ¡Y es que sus grandes extensiones de dunas parecen no tener fin!

El desierto de Namib se caracteriza por sus extraños paisajes, a menudo envueltos en niebla. En el parque de Naukluft se encuentran miles de lagos secos que forman círculos blancos de sal entre las dunas de color cobre. Sobre estas dunas destacan las siluetas oscuras de las acacias muertas, que le dan al lugar un aspecto desolador y misterioso. Y más al norte, en la costa de los Esqueletos, podemos encontrar sobre la arena restos de barcos y huesos de ballenas que fueron arrastrados tierra adentro por las intensas mareas.

El dragón de la arena
La leyenda de los círculos misteriosos

En el desierto de Namib también existen amplias llanuras cubiertas de hierba. Pero este tapiz de color verde seco aparece agujereado por miles de «círculos de hadas», donde la hierba no crece y deja al descubierto la tierra rojiza.

Nadie sabe exactamente cómo ni por qué se forman estos círculos. Seguramente tengan que ver con el aprovechamiento del agua por parte de la hierba… Pero los habitantes de la zona ofrecen otra explicación mucho más curiosa: según ellos, los círculos son obra de un dragón que habita bajo la arena y que, de vez en cuando, sale a pasearse por la superficie.

Si algún insecto despistado le irrita, el dragón lanza una llamarada de fuego sobre la vegetación, destruyéndola y dejando una quemadura perfecta y redonda.

Desierto de Namib

Welwitschia mirabilis
Una planta inmortal

Esta es una de las plantas más raras que existen, y solo crece en el desierto de Namib. Puede llegar a vivir dos mil años, y su aspecto es el de un manojo de zanahorias gigantes de las que nacen hojas larguísimas y deshilachadas. Esta planta depende para reproducirse de un chinche que la poliniza y que se alimenta del néctar de su flor.

Órix
Un animal resistente

El órix es un antílope con largos cuernos anillados y crines como las de un caballo, que puede habitar en zonas tan áridas como el desierto de Namib.

Es un animal con gran resistencia a la sed y a las altas temperaturas. Y esto lo consigue gracias a que posee un sistema especial para refrescar la sangre en el interior del hocico antes de enviarla al cerebro.

La caza furtiva
Un peligro para los animales salvajes

A pesar de las escasas lluvias, el desierto de Namib tiene algunos valles, como el del río Kunene, donde tradicionalmente solían vivir miles de elefantes. Gracias a sus largas trompas, estos animales pueden absorber el agua del subsuelo y sobrevivir. Pero la caza indiscriminada ha reducido drásticamente el número de ejemplares, y hoy en día se calcula que quedan tan solo unos trescientos.

Proverbio anónimo
Sobre el cuidado de la Tierra

«La tierra no es nuestra, es un tesoro que conservamos para las futuras generaciones».

El abismo más profundo
Fosa de las Marianas
Océano Pacífico occidental, a unos 200 km al este de las islas Marianas, Asia.

En el Pacífico occidental, a unos doscientos kilómetros de las islas Marianas, se encuentra el abismo marino más hondo de nuestro planeta. Mide casi once kilómetros de profundidad, lo que significa que, si el monte Everest se sumergiera allí, todavía quedarían dos mil metros de agua sobre él.

En el fondo de la fosa la presión es mil veces mayor que a nivel de mar. ¡Cualquier ser vivo terrestre moriría aplastado allí! Además, no llega ni un rayo de luz solar, por lo que no pueden existir plantas ni algas. Pero eso no significa que no haya vida... Extrañas bacterias, peces monstruosos y otras criaturas se han adaptado a vivir en las frías aguas negras de la fosa.

En 2012, el director de cine James Cameron realizó una expedición a este lugar, uno de los más desconocidos del mundo.

La serpiente marina gigante
La leyenda de la devoradora de marineros

Como se han realizado muy pocas expediciones submarinas a la fosa de las Marianas, todavía no se conocen bien los animales que viven en ellas y eso alimenta las leyendas.

Una de las que más llegó a extenderse fue la de una serpiente marina que vivía en esas aguas y que salía a la superficie justo antes de que se produjese un terremoto. También se pensaba que estas criaturas atacaban a los barcos y se comían a los marineros.

Hoy en día sabemos que esa serpiente es en realidad el *Regalecus glesne*, una especie de arenque gigante que se alimenta de plancton y que puede llegar a medir hasta 17 metros de largo. Son peces inofensivos, y no está probado que aparezcan antes de los terremotos, que son muy frecuentes en esa región del planeta.

Fosa de las Marianas

Plantas no, bacterias
Microorganismos

En los fondos oscuros de la fosa de las Marianas no es posible realizar la fotosíntesis, por lo que no existen ni algas ni plantas. Lo que sí hay, en cambio, son multitud de bacterias que se han adaptado a ese ambiente tan inhóspito y que no existen en ningún otro lugar del planeta. ¡Es un mundo dominado por los microorganismos!

El efecto invernadero
¿Una bomba de carbono?

A la fosa de las Marianas han ido a parar durante millones de años los restos de animales y algas que van siendo arrastrados al fondo cuando mueren. Eso ha generado una enorme reserva submarina de carbono. Ahora se teme que el cambio climático afecte a estos depósitos, liberando más dióxido de carbono al mar y, desde allí, a la atmósfera, lo que podría empeorar el efecto invernadero.

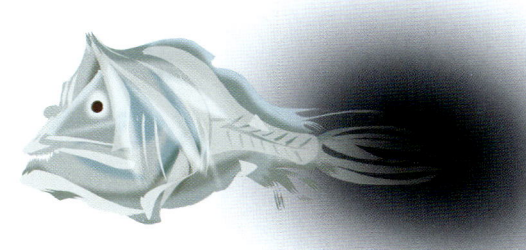

Cerato abisal
Un animal con luz propia

Uno de los peces más raros del mundo es el cerato abisal, que se ha adaptado a vivir a gran profundidad (aunque nunca podría llegar al fondo de la fosa). Las hembras de este pez tienen un señuelo formado por bacterias luminosas para atraer a los machos en la oscuridad de los abismos. Los machos son diminutos y se adhieren a la piel de la hembra.

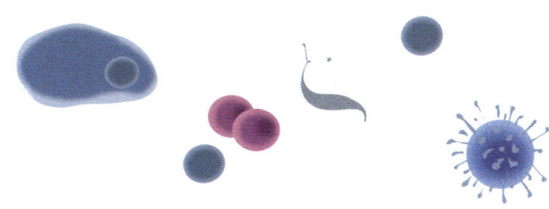

Refrán marinero
Para interpretar las señales del cielo

«Si ves las estrellas brillar, sal, marinero, a la mar».

La selva más grande
Selva del Amazonas

Brasil, Perú, Bolivia, Colombia, Guayana Francesa, Venezuela, Ecuador y Surinam; América del Sur.

¿Sabes que en América del Sur existe una selva tan grande que se extiende por ocho países? Se trata de la selva amazónica. Se llama así porque el corazón de este inmenso bosque tropical lo forma el río Amazonas, que es el más largo y caudaloso del mundo.

Bajo los altos y sombríos árboles de esta selva hierve la vida. De todas las especies de animales y plantas que existen, un tercio se encuentran solo aquí.

Entre sus habitantes destacan el guacamayo azul, el poderoso jaguar, serpientes terribles, como la boa y la anaconda, llamativas mariposas y peligrosos peces, como las pirañas o la anguila eléctrica.

Pero esta selva es además el hogar de unas quinientas tribus indígenas. Algunas de ellas nunca han sido contactadas y preservan sus formas de vida ancestrales en pleno siglo XXI.

Simpira
La leyenda del jaguar gigante

Existen muchas historias sobre seres fantásticos que pueblan la selva amazónica. Uno de ellos es la sachamama, una boa tan grande que no puede moverse y atrae a sus presas hacia ella. Otro es el tunche, un espíritu que se aparece por las noches y le da a cada uno lo que se merece, sea bueno o malo.

También existen numerosas leyendas sobre el jaguar, al que se considera un animal de gran poder y sabiduría. Los chamanes lo invocan en sus ceremonias y luchan con jaguares invisibles para asegurar el equilibrio del universo.

Pero el jaguar mítico más imponente de todos es el simpira, un enorme animal negro con cuernos y patas delanteras en forma de tirabuzón que puede extender como si fueran serpientes. Con estas patas atrapa a las personas malas y las convierte en bestias salvajes.

Selva del Amazonas

Guayusa
Una planta muy beneficiosa

Muchas plantas de la selva amazónica crecen sobre otras plantas. Es el caso de la guayusa, que forma cascadas de intenso verdor sobre las ramas de los árboles. Las tribus indígenas la consumen por sus propiedades medicinales. Tiene cafeína, que ayuda a despejar la mente, y muchos antioxidantes que protegen del envejecimiento a nuestros órganos.

La deforestación
Un peligro para el pulmón verde del planeta

Con sus siete millones de kilómetros cuadrados de árboles, la selva amazónica es el gran pulmón verde de nuestro planeta, ya que proporciona oxígeno a la atmósfera, retira CO_2 y ayuda a frenar el cambio climático. Pero la deforestación está alterando esta maravilla natural a un ritmo alarmante: se calcula que cada minuto se destruye una extensión de selva equivalente a tres estadios de fútbol.

Delfín rosado
Un delfín de agua dulce

En las aguas del Amazonas vive el delfín de río más grande del mundo: es el delfín rosado. Se trata de un animal inteligente y juguetón, aunque un poco tímido. Según una leyenda, estos delfines pueden transformarse en hombres y acudir a las fiestas para enamorar a alguna jovencita, que luego lo sigue hasta el río y ya no quiere apartarse de él.

Proverbio guaraní
Sobre el viaje

«Quien habla mal de su hogar, se rebaja por sí solo».

El mar de sal más blanco
Desierto de Uyuni
Potosí, Bolivia, América del Sur.

Cuando Neil Armstrong, el primer hombre que pisó la Luna, contempló la Tierra desde allí, le llamó la atención una región que brillaba en medio de las montañas de América del Sur como un espejo gigante. Pensó que se trataba de un glaciar, pero en realidad era el desierto de Uyuni, el la región de Potosí, en Bolivia.

Este inmenso mar de sal fue en otros tiempos un lago, pero luego el clima se volvió más seco y el agua se evaporó en la superficie.

Hoy en día, el desierto de Uyuni atrae a visitantes de todo el mundo por su resplandeciente blancura. ¡Hasta los hoteles que hay en sus orillas están hechos con bloques de sal! Además, las sales de Uyuni contienen grandes cantidades de litio, un material indispensable en la fabricación de baterías para los móviles.

Tunupa
La leyenda de los cuatro héroes

Mucho antes de que se formara el desierto de Uyuni, había en aquel lugar un valle verde y agradable. Allí bajaban a refrescarse los cuatro héroes más importantes de la región: Coracora, Chillima, Cosuña y Cuzco.

En el valle vivía una mujer bellísima llamada Tunupa, y los cuatro héroes se enamoraron de ella. Tunupa eligió a Cosuña, se fue de viaje con él y fueron felices durante algún tiempo; pero los otros tres no soportaban la felicidad de los dos enamorados, así que se aliaron para atacar a Cosuña y asesinarlo.

Tunupa logró huir, pero le arrebataron a su hijo. Nunca pudo recobrarse de aquella pérdida. La leche con la que lo amamantaba se derramó sobre la tierra y formó el mar de sal de Uyuni. Después, Tunupa se convirtió en un volcán, y los héroes, en altos picos de la cordillera andina.

Desierto de Uyuni

Cactus gigantes
Unas plantas que forman los bosques más extraños

El mar de sal de Uyuni contiene numerosas islas. Una de las más curiosas es la isla de Incahuasi. Sus únicos habitantes son unos cactus de hasta diez metros de altura que se han adaptado a las duras condiciones de aridez y frío del lugar. Sus siluetas verdes y cerosas se elevan hacia el cielo formando uno de los bosques más extraños del mundo.

Sobreexplotación de acuíferos
Un peligro para el abastecimiento de agua de las personas

Las minas de litio en el mar de Uyuni han traído riqueza a la región, pero también ponen en peligro su frágil equilibrio. En las tareas de extracción de este valioso mineral se utilizan grandes cantidades de agua de los acuíferos subterráneos. El problema es que estas aguas son muy antiguas y no pueden renovarse. Si se agotan, habrá un grave problema de abastecimiento para los habitantes de la región.

Flamenco
Un animal que filtra lo que come

En la época de las lluvias, miles de flamencos anidan en la laguna Colorada, una de las que salpican la superficie blanca del mar de Uyuni. Estas aves se alimentan de las algas que crecen en las aguas salobres de la laguna. Poseen un sistema especial para succionar el agua, filtrarla y expulsarla, quedándose con el alimento.

Proverbio aymara (Bolivia)
Sobre la conciencia del tiempo

«Hay que vivir el presente mirando al futuro pero sin olvidar el pasado».

La isla más bella
Bora Bora
Islas de la Sociedad, Polinesia francesa, Pacífico sur.

En tahitiano la isla de Bora Bora es conocida como *May ti pora,* que significa 'creada por los dioses'. Sin duda, los polinesios le dieron este nombre impresionados por su belleza.

Bora Bora se formó a partir de un volcán nacido de las profundidades del mar. Con el paso del tiempo el volcán se fue desgastando, y sobre los restos de su cráter creció un anillo de arrecifes coralinos. Otras erupciones volcánicas formaron posteriormente el centro montañoso de la isla. Entre la isla y la barrera de coral se extiende una tranquila laguna de aguas verdeazuladas, que brillan al sol como piedras preciosas.

Playas de arenas blancas, flores tropicales de intenso aroma, acantilados cubiertos de palmeras, montañas y valles, un mar turquesa y el resplandeciente anillo de coral... Pocos lugares en el mundo se parecen tanto al paraíso como esta isla.

Haauri, el pescador
La leyenda del pescador desaparecido

En la costa de Bora Bora vivía una familia con dos hijos. El padre, Haauri, comenzó a comportarse de un modo extraño. A menudo abandonaba la casa y desaparecía durante varios días antes de regresar. Su esposa, preocupada, encargó a sus hijos que saliesen de pesca con él para averiguar qué le ocurría.

Partieron los tres en una piragua hacia el arrecife de coral. Allí, los hijos se lanzaron al agua a pescar, pero cuando regresaron a la piragua, Haauri ya no estaba.

Pasaron varias semanas y un día, de repente, Haauri regresó a su hogar. Estaba muy pálido y traía pequeños boniatos entre las manos. No hablaba ni comía más que aquellos boniatos y poco a poco se fue debilitando. Parecía que iba a morir... Entonces acudieron cientos de aves, llamadas otuus (garcetas sagradas), y rodearon la casa. Cuando levantaron el vuelo, Haauri había desaparecido. ¡Se lo habían llevado con ellas!

Anochecer tahitiano
Una planta con semillas voladoras

Este sugerente nombre hace referencia a un árbol con vistosas flores que crece en las zonas montañosas de Bora Bora y en otras islas de la Polinesia francesa. Sus semillas son diseminadas por el viento, y eso ha permitido que estas plantas se extiendan por amplias zonas costeras del Pacífico sur. Su nombre científico es Metrosideros collina, que en griego antiguo querría decir algo así como 'madera de hierro'.

Garceta sagrada
Un animal mágico

La garceta sagrada anida en todos los archipiélagos de la Polinesia. Puede tener tres tipos de plumaje: totalmente blanco, totalmente negro o blanco moteado de negro. Esta ave era considerada mágica por las poblaciones locales. Si la ofendías, tu cuello se retorcía y tu rostro se quedaba mirando hacia la espalda, según la leyenda. ¡Solo los que se arrepentían volvían a tener la cara en su sitio!

La contaminación de los mares
Un peligro para los animales marinos

En Bora Bora existe un centro para la protección de la tortuga verde marina. Este maravilloso y frágil reptil se encuentra en peligro de extinción debido a la contaminación del océano y a la pesca clandestina para comercializar su carne. Este centro permite a los turistas apadrinar a una tortuga y, de este modo, implicarlos activamente en la conservación de la especie.

Proverbio polinesio
Sobre la incertidumbre

«El pájaro que canta no sabe si lo oirán».

La montaña más alta
Monte Everest
Cordillera del Himalaya, China-Nepal, Asia.

La montaña más alta del mundo se encuentra en la cordillera del Himalaya, en la frontera entre Nepal y China. Se trata del monte Everest, y su cima alcanza los 8848 metros de altura sobre el nivel del mar.

El nombre se lo pusieron los británicos en el siglo XIX para honrar a uno de sus topógrafos oficiales, que se llamaba George Everest. Pero este impresionante pico ya tenía otro nombre en idioma tibetano: *Qomolangma*, que significa 'madre del universo'.

Desde el momento en que los occidentales descubrieron el monte Everest, comenzó la carrera por escalarlo y llegar a su cima. En 1924, una expedición británica logró probablemente alcanzar la cumbre, pero no regresó para contarlo.

La primera ascensión exitosa al Everest la realizaron Edmund Hillary y Tenzing Norgay en 1953.

El yeti
La leyenda del misterioso hombre de las nieves

En 1921 el coronel Howard-Bury, que participaba en una expedición para intentar llegar a la cima del Everest, afirmó que había visto durante su ascenso la silueta de un hombre gigantesco y envuelto en nieve. Más tarde, él y sus compañeros descubrieron unas descomunales pisadas que no parecían corresponder a las de ningún animal conocido.

Así nació la leyenda moderna del yeti u hombre de las nieves, aunque en la tradición tibetana ya existían historias sobre una criatura similar llamada jigou.

Si bien no existe ninguna fotografía ni grabación que atestigüe su existencia, todavía hoy son muchos los que creen que el yeti es un simio o un homínido que habita las inhóspitas laderas del Himalaya. También se afirma que, antes de aparecer, anuncia su presencia con un largo y horripilante silbido.

Monte Everest

Líquenes
Unas plantas que viven donde otras no pueden

A partir de los 4876 metros de altura, las condiciones climáticas son tan duras que las únicas plantas que pueden sobrevivir son los líquenes. Estas asociaciones de hongos y algas pueden crecer directamente sobre las rocas y se las arreglan con muy pocos nutrientes. Además, resisten el frío y la aridez mejor que ninguna otra criatura del mundo vegetal.

Acumulación de residuos
Un peligro para la montaña

Es comprensible que los montañeros de todo el mundo sueñen con subir al Everest. Es menos comprensible que sus escaladas hayan dejado detrás 140 toneladas de basura. Entre estos residuos hay de todo, desde latas de cerveza a bombonas de oxígeno, hornillos y vestimentas rotas. Algunos escaladores han usado estos restos para hacer obras de arte que se exponen en un museo cerca del campamento base.

Leopardo de las nieves
Un animal de altura

Este felino asiático vive a altitudes de hasta 6000 metros. Su pelaje gris con manchas oscuras le permite pasar desapercibido en el entorno nevado. Puede cazar animales tres veces más grandes que él. Sus patas acolchadas son perfectas para caminar sobre la nieve, y tiene una cola larguísima que se enrolla alrededor del cuerpo para abrigarse.

Proverbio tibetano
Sobre cómo afrontar la vida

«El buen tiempo y el mal tiempo están dentro de nosotros, no fuera».

Las cataratas más poderosas
Cataratas del Niágara
Frontera entre Canadá y Estados Unidos, América del Norte.

La palabra *niágara* procede de un término de la lengua iroquesa (utilizada por nativos americanos) que significa 'trueno de agua'. Es un nombre perfecto para este asombroso conjunto de cascadas situado entre Canadá y Estados Unidos.

Su altura media es de 51 metros, y se dividen en tres zonas: la catarata canadiense, la catarata estadounidense y el Velo de Novia. Su enorme caudal se debe a que reciben las aguas de los Grandes Lagos, que se formaron hace unos diez mil años por el deshielo de un gigantesco glaciar y están interconectados entre sí.

Desde el momento en que los occidentales las descubrieron, las cataratas atrajeron a viajeros y curiosos por su espectacularidad y belleza. Además, en ellas se construyó la primera central hidroeléctrica del mundo en 1896.

Lelawala y el dios del trueno
La leyenda de la cueva en las cascadas

Los primeros pobladores de la región de las cataratas fueron los ongiara. Este pueblo iroqués creía que Hinum, el dios del trueno, vivía en una cueva detrás de las cascadas.

Sucedió que en la tribu empezó a morir gente. Los ongiara decidieron aplacar al dios del trueno ofreciéndole cada año a la doncella más bella de la tribu. Un año le tocó a Lelawala, la hija del jefe Ojo de Águila.

Cuando Lelawala llegó a la cueva de Hinum, este se enamoró de ella. La joven prometió concederle su amor si le revelaba la causa de las muertes en su tribu. Hinum le explicó el secreto: había una serpiente gigante que envenenaba el agua. Lelawala se apareció en forma de espíritu a su pueblo para contárselo.

Así pudieron matar a la serpiente y terminar con la maldición.

Cataratas del Niágara

Arce canadiense
El árbol más bello del otoño

En las inmediaciones de las cataratas del Niágara existen frondosos bosques de pinos, sauces y arces canadienses. Estos últimos destacan por el color rojo fuego que adquieren sus hojas en otoño. A las ardillas les encanta comerse sus brotes en primavera, y los humanos utilizan su savia, que es como un jarabe dulce, para hacer postres.

Erosión por acción humana
Un peligro para el lecho de los ríos

El aprovechamiento de las cataratas para producir electricidad ha hecho que se desvíen grandes cantidades de agua, acelerando la erosión del lecho rocoso, que ha ido retirándose hacia el sur entre 0,6 y 3 metros por año. Para frenar este proceso, se han colocado diques que desvían las corrientes más violentas, se han estudiado cuidadosamente los fondos y se ha consolidado la cima de las cataratas.

Esturión del lago
Un animal de la antigüedad

Este pez es uno de los más antiguos en la evolución. Tiene un esqueleto cartilaginoso y placas de hueso en la piel. Utiliza su largo hocico para agitar la arena del fondo y pescar larvas, peces y otros organismos pequeños. Produce un caviar muy apreciado por su sabor, pero actualmente se encuentra protegido en muchas áreas y no se puede pescar.

Proverbio iroqués
Sobre el viaje

«La mayor fuerza es la amabilidad».

El árbol más gordo
Árbol de Tule
Santa María del Tule, Oaxaca, México.

El árbol de Tule se encuentra en el atrio (patio delantero) de la iglesia de Santa María de Oaxaca, en México. Pertenece al grupo de los sabinos, unos árboles parecidos a nuestros cipreses, y tiene más de dos mil años. Cuando el árbol nació, faltaba mucho aún para que los europeos llegasen a América. En aquel territorio vivían los zapotecas, un misterioso pueblo que tenía la creencia de que sus antepasados habían brotado directamente de las rocas, los árboles y los jaguares.

El árbol de Tule posee un tronco tan grueso que hacen falta treinta personas para abarcarlo, y en su sombra caben hasta quinientas personas. Es tan impresionante que incluso tiene su propia fiesta: se celebra el segundo lunes de octubre, con fuegos artificiales, juegos para los niños y rica comida.

El bastón del rey Condoy
La leyenda del bastón del que brotó un árbol

Según una antigua leyenda zapoteca, el árbol de Tule lo plantó Pechocha, un sacerdote de Ehécatl, el dios del viento. Su nombre significa 'iluminación', lo que parece asociar al viejo sabio con la luz del conocimiento.

Otra leyenda sostiene que el árbol brotó del bastón del rey Condoy, que regresaba a su tierra después de fracasar en la construcción de la ciudad de Mitla. Cuando la construcción de los palacios de Mitla ya estaba muy avanzada, Condoy oyó cantar a un gallo, lo interpretó como un mal augurio y huyó precipitadamente con todos sus guerreros. En un pantano se detuvo a descansar, y allí, de su bastón, brotó en una sola noche el Tule. Al rey le pareció un suceso tan maravilloso que decidió quedarse allí y construir una población.

Árbol de Tule

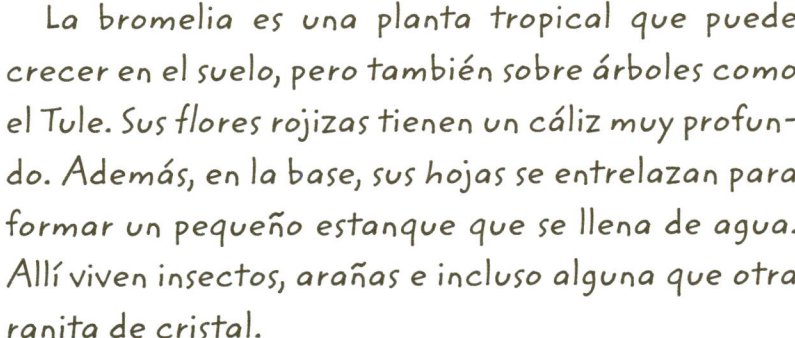

Bromelia
La planta estanque

La bromelia es una planta tropical que puede crecer en el suelo, pero también sobre árboles como el Tule. Sus flores rojizas tienen un cáliz muy profundo. Además, en la base, sus hojas se entrelazan para formar un pequeño estanque que se llena de agua. Allí viven insectos, arañas e incluso alguna que otra ranita de cristal.

Sobreexplotación del suelo
Un peligro para los acuíferos del subsuelo

Para sustentarse, el árbol de Tule necesita tomar grandes cantidades de agua del suelo a través de sus raíces. El problema es que, con la sobreexplotación del suelo para construir viviendas y carreteras, el agua no encuentra espacios para filtrarse en la tierra. Y eso significa que el Tule, antes o después, empezará a pasar sed… ¡Habrá que actuar para que esto no ocurra!

Rana de cristal
Un animal transparente

Las ranas de cristal son unos anfibios sorprendentes. Por encima tienen un luminoso color verde, pero la piel de su vientre es transparente y permite ver sus órganos internos. Son ranas nocturnas y arbóreas. Los machos cantan sobre las hojas y a veces se pelean entre ellos. ¡Seguro que en el árbol de Tule estas ranitas se sienten muy felices!

Proverbio diidxazá*
Sobre la importancia de las cosas

«Si quieres ser rico, no tengas deseos».

* Idioma hablado en el istmo de Oaxaca.

El río más hermoso
Río Caño Cristales
Sierra de la Macarena, Meta, Colombia.

En la sierra colombiana de la Macarena se encuentra el Caño Cristales, un río que durante la mayor parte del año no se diferencia en nada de los demás. Sin embargo, cuando llega la temporada de lluvias, entre junio y noviembre, el Caño Cristales se transforma en una corriente mágica.

Sus aguas se tiñen con todos los colores del arcoíris gracias a una planta, la *Macarenia clavigera*, que en estos meses cubre el lecho rocoso, y que puede adoptar distintas tonalidades, desde el dorado hasta el rojo o el púrpura. Pero hay más colores: el verde procede de las algas; el negro, de las rocas; el amarillo, de la arena, y el azul, del reflejo del cielo...

¿Te imaginas bañándote en ese caleidoscopio? Pues es posible, aunque llegar hasta este río resulta difícil porque ninguna carretera llega allí.

El rey que cubría su cuerpo con oro
La leyenda de El Dorado

Una de las leyendas colombianas más antiguas y extendidas es la de El Dorado. Cuando los primeros conquistadores españoles llegaron a aquellas tierras, oyeron hablar de un rey que vivía en el norte y que se cubría el cuerpo con oro para realizar ofrendas en una laguna sagrada. Según la leyenda, las riquezas de este rey eran tales que arrojaba al agua oro y piedras preciosas para honrar a los dioses.

El Caño Cristales es también conocido como «río de los dioses», y muchos han querido ver en él las aguas donde aquel antiguo rey hacía sus ofrendas de oro y joyas. Los maravillosos colores de sus aguas recuerdan las tonalidades de esmeraldas, topacios y rubíes... Aunque hoy en día sabemos que su origen es más modesto: la combinación de algas, plantas, agua, roca y cielo. ¡Nada más!

Río Caño Cristales

Macarenia clavigera
Una planta única

Buena parte de los colores del Caño Cristales surgen de una planta que crece en su lecho rocoso. Se llama Macarenia clavigera y es endémica de este lugar. Esto significa que no existe en ningún otro rincón del mundo. En la época de las lluvias, sus brillantes rojos, púrpuras y dorados convierten el río en un arcoíris multicolor.

Explotaciones petrolíferas
Un peligro para las aguas de la sierra

Recientemente, una compañía petrolífera ha presentado un plan para perforar la sierra de la Macarena en busca de petróleo. El impacto de esta explotación sobre el paisaje local sería terrible. La contaminación podría llegar a oscurecer las aguas del Caño Cristales, apagando para siempre sus luminosos colores y acabando con una de las grandes maravillas naturales del planeta.

Tití
Un animal muy amistoso

El Caño Cristales fluye entre selvas boscosas. En los árboles de sus orillas, los monos tití se columpian de rama en rama, haciendo las delicias de los escasos turistas. Los titís son criaturas diurnas que se alimentan de frutos, semillas e insectos. Tienen la costumbre de acicalarse el pelo unos a otros para estrechar sus lazos de amistad.

Proverbio colombiano
Sobre la sabiduría

«El que no sabe es como el que no ve, que todas las cosas las mira al revés».

El lago más brillante
Lago de las Cinco Flores
Provincia de Sichuan, China, Asia.

En el valle de Jiuzhaigou, rodeado de bosques de gran belleza, se encuentra el lago más brillante que existe.

Sus aguas, de una transparencia inigualable, presentan diferentes tonalidades que van del turquesa intenso al añil profundo; es como contemplar un zafiro gigante en el que se reflejan los dorados y rojos de los árboles otoñales que crecen en las orillas.

El lago de las Cinco Flores debe su nombre a la variedad de tonalidades de sus aguas. Estos colores proceden de los reflejos del paisaje y de los troncos recubiertos de algas que brillan en el fondo. Hay quien dice que los tonos de este lago son los mismos que los del plumaje de un pavo real. No es casualidad que forme parte del río Peacock, que significa 'pavo real' en inglés.

Semo y el espejo maravilloso
La leyenda del lago de las Cinco Flores

Sago, un dios de la montaña, se enamoró perdidamente de la diosa Semo. Después de pensar largo tiempo en diferentes ideas para ganarse su confianza, decidió hacerle un regalo. Con el viento y las nubes fabricó un espejo maravilloso y se lo entregó a la diosa.

Ella quedó muy impresionada y se pasó un día entero mirándose en él. Pero un diablo, celoso de Sago, apareció de pronto y empezó a molestar a la diosa. Al intentar perseguirlo, Semo tropezó, y el espejo resbaló de sus manos. Un instante después se estrelló contra el fondo del valle y se rompió en ciento ocho pedazos, que son los ciento ocho lagos del parque de Jiuzhaigou.

El más bello de todos es el de las Cinco Flores. Se dice que en su fondo vive prisionero un ciervo que cazó Sago..., y que bien podría ser el diablo que molestó a su amada.

Lago de las Cinco Flores

Tejo chino
Una planta que envenena y cura

En los bosques que rodean al lago de las Cinco Flores, crece una gran variedad de árboles. Uno es el tejo chino, que se caracteriza por el intenso verdor de sus hojas perennes. Puede llegar a vivir centenares de años, y aunque sus bayas son venenosas, su corteza y sus hojas contienen taxanos, unas sustancias que se utilizan en la lucha contra el cáncer.

Un desastre con efecto inesperado
El peligro de la contaminación de las aguas

En 2017, el parque de Jiuzhaigou sufrió un intenso terremoto. Las aguas del lago de las Cinco Flores se volvieron marrones por los desprendimientos de tierra, y algunas cascadas cercanas desaparecieron. El parque se cerró al público para recuperar la zona. Eso ha tenido un efecto positivo: frenar la contaminación. Actualmente, el lago ha recuperado toda su transparencia gracias al reciclaje natural de sus aguas.

Oso panda gigante
El animal que más bambú come

En los bosques de Jiuzhaigou habita el panda gigante, uno de los mamíferos más curiosos que existen. Su pelaje blanco y negro lo protege de las bajas temperaturas y le permite camuflarse en los claroscuros del suelo boscoso. También puede trepar a los árboles. Su principal alimento es el bambú, aunque también come insectos y huevos.

Proverbio chino
Sobre la naturaleza humana

«Los ríos y las montañas pueden cambiar, pero la naturaleza humana no cambia jamás».

Las cuevas más refrescantes
Cuevas del Algarve
Benagil, Algarve, Portugal, Europa.

Al Garb en árabe significa 'occidente', y de ahí viene la palabra *Algarve,* que es el nombre que le daban los musulmanes de al-Ándalus a la costa sur de Portugal.

En esta región hay bellísimos acantilados de rocas doradas y rojizas salpicados de cuevas que han sido excavadas por las olas a lo largo de millones de años. Desde los frágiles arcos de roca que emergen del mar en la playa de la Marinha hasta la red de cuevas del Algar Seco, pasando por la escondida gruta del Capitán, el número de cavernas que se pueden visitar es enorme, aunque muchas de ellas solo resultan accesibles en barco.

Sin duda, una de las más conocidas es la cueva del Algar de Benagil, con su cúpula natural perforada por un agujero que permite contemplar el cielo azul desde la penumbra del interior.

La sirena que amaba al mar
La leyenda de la tierra resentida

Las cuevas del Algarve se han formado por el embate incesante de las olas sobre las rocas de la costa.

Según una antigua leyenda, el mar se comporta así porque está resentido con la tierra. La enemistad surgió cuando ambos se enamoraron de una sirena que solía visitar la Praia da Rocha. El mar competía con la tierra llevándole a la sirena sus mejores dones. Pero la sirena lo tenía claro: a quien amaba era al mar. La tierra, resentida, formó una barrera de altos acantilados para que el mar no pudiera llegar hasta su amada. La sirena se deshizo en llanto y poco a poco se fue convirtiendo en la arena dorada de la playa.

Desde entonces, el mar sigue golpeando con fuerza los acantilados, porque todavía no ha perdido la esperanza de derribarlos para llegar hasta la sirena.

Cuevas del Algarve

Adelfa
Una planta costera

Una de las plantas más reconocibles en las costas del Algarve es la adelfa. Sus hojas brillantes y oscuras contrastan con los vivos colores de sus flores, que pueden ser fucsias, rosadas, rojizas o blancas. Se trata de una planta venenosa, pero no suele haber intoxicaciones porque su sabor amargo hace que ningún animal quiera comérsela.

Golondrina de mar
Un animal que camina sobre el agua

Esta ave de color oscuro con una mancha blanca en la rabadilla pasa mucho tiempo sobrevolando el mar o posada en el agua. ¡Incluso es capaz de caminar sobre ella! Se alimenta del plancton que crece en la superficie marina, y generalmente se la ve volando en bandadas dispersas o flotando con otras compañeras cerca de la costa.

Masificación turística
Una amenaza para las aves

La belleza de la cueva del Algar de Benagil hace que muchos miles de turistas visiten la playa cercana cada año. El problema es que, con tanta masificación, resulta difícil disfrutar de la belleza del entorno. El exceso de visitantes supone también una amenaza para las especies de aves acuáticas que anidan en la zona, y que ven perturbadas su tranquilidad y sus costumbres en la época de reproducción.

Proverbio algaravío
Sobre la amistad

«Amigo verdadero vale más que el dinero».

La bahía más asombrosa
Bahía de Ha-Long
Provincia de Quang Ninh, Vietnam, Asia.

Imagina un paisaje de altas montañas que surgen directamente del mar. Sus majestuosas formas parecen haber brotado del pincel de uno de esos antiguos artistas chinos que meditaban durante años antes de plasmar sus visiones en rápidos trazos de tinta sobre papel de arroz. Pero este lugar existe realmente: es la bahía de Ha-Long, situada en la costa noroeste de Vietnam.

El secreto de estos peñascos tapizados de verde, con sus paredes verticales de roca, hay que buscarlo en el pasado geológico. La bahía de Ha-Long es el mejor ejemplo que existe de la evolución de un paisaje calizo en un entorno tropical. El calor y la humedad han esculpido estos caprichosos relieves con sus mil rincones misteriosos, cuevas laberínticas y lagos escondidos. No es de extrañar que miles de turistas quieran explorarlos… Pero es importante que lo hagan con respeto, porque la belleza de Ha-Long es frágil y su equilibrio se podría destruir con facilidad.

La Madre Dragón y sus hijos
La leyenda del emperador de Jade

Según la leyenda, el antiguo pueblo vietnamita tuvo que enfrentarse a unos poderosos invasores que llegaron por mar y cercaron la bahía de Ha-Long. El emperador de Jade, al ver que su pueblo iba a ser derrotado y esclavizado, invocó a los dioses y les rogó que le enviaran la ayuda de la Madre Dragón y sus hijos.

Los dragones no dudaron en responder a la llamada desesperada del emperador. Desde el cielo, lanzaron su aliento de fuego sobre los barcos invasores y los redujeron a cenizas. Después, escupieron gigantescas esmeraldas alrededor de la bahía para formar una barrera que la protegiese de cualquier atacante en el futuro. Esas esmeraldas se han ido desgastando con el tiempo: son los peñascos que se alzan frente a la costa y todavía conservan su color verde brillante, que ha pasado de la roca a la vegetación.

Arrozales de Ha-Long
Una planta verde resplandeciente

Son muchas las especies de árboles y arbustos que crecen sobre las rocas de Ha-Long, pero el verde más resplandeciente de sus paisajes corresponde a los arrozales plantados por el ser humano. Es aconsejable recorrerlos en las pequeñas barcas de remos que surcan el río Ngo Dong, manejadas por mujeres que reman con los pies.

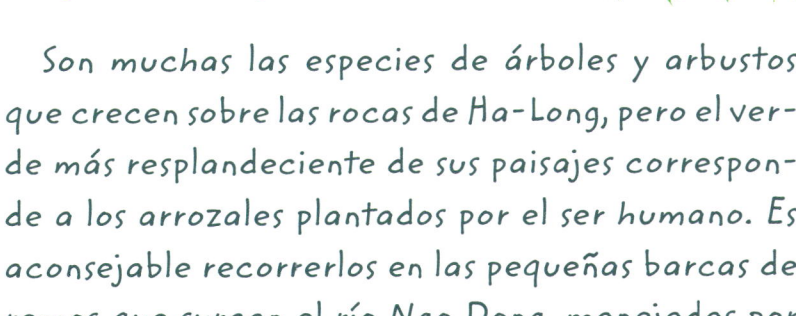

Langur de Cat Ba
Un animal con la cabeza de oro

En la bahía de Ha-Long vive una de las especies de primates más misteriosas y desconocidas del mundo. Se trata del langur de Cat Ba, un mono que se caracteriza por el pelaje dorado que rodea su cabeza. El resto de su cuerpo es de color marrón o café, y sus bebés son de color naranja brillante. Son animales pacíficos que a causa de la destrucción de su hábitat se encuentran en peligro de extinción.

La deforestación
Una joya en peligro por la guerra

Durante la guerra de Vietnam, el ejército de Estados Unidos utilizó defoliantes químicos para destruir el follaje de la selva y poder localizar a sus enemigos desde el aire. Estas sustancias entraron en la cadena alimentaria y afectaron a muchas plantas y animales de la zona. Con el paso del tiempo, las especies se han ido recuperando, pero la bahía se enfrenta ahora a nuevas amenazas, como la tala masiva de árboles para la exportación de madera.

Proverbio vietnamita
Sobre el respeto a los orígenes

«Al comerte una fruta, piensa en aquel que plantó el árbol».

El arrecife más largo
Gran Barrera de Coral
Australia, Oceanía.

Frente a las costas de Australia, en el océano Pacífico, se extiende la Gran Barrera de Coral, un conjunto de arrecifes de más de 2500 km de extensión. Hay quien dice que esta gran barrera es el ser vivo más grande del mundo, ya que los corales de sus paredes multicolores son animales que forman colonias de millones de individuos unidos por sus exoesqueletos mineralizados.

Los primeros occidentales que descubrieron la Gran Barrera de Coral fueron los marinos de la expedición del capitán James Cook, a finales del siglo XVIII. Su barco, el Endeavour, encalló en los arrecifes, y tardaron siete semanas en arreglar la avería. Durante ese tiempo, los naturalistas de a bordo pudieron estudiar la asombrosa variedad de plantas, algas y animales que crecen en este ecosistema, el más rico en biodiversidad del planeta.

Las figuras que emergían del agua
La leyenda de las sirenas que no eran

A la luz del crepúsculo, en aquellas largas tardes a bordo del Endeavour, el capitán Cook y sus compañeros de expedición divisaron varias veces unas figuras femeninas que emergían del agua y que parecían estar dando el pecho a sus bebés.

Enseguida dedujeron que se trataba de las míticas sirenas, criaturas con rostro y torso de mujer y cola de pez. Sin embargo, el tiempo demostró que estaban equivocados. Aquellas criaturas no eran sirenas, sino dugongos, unos curiosos mamíferos marinos que se alimentan de algas y que tienen la costumbre de salir a amamantar a sus crías a la superficie.

De todas formas, no fueron los primeros en equivocarse... El término *dugongo* procede de una palabra en idioma malayo, *dugong*, que significa precisamente 'sirena'.

Gran Barrera de Coral

Mangles
Unos árboles con raíces de ensueño

Los mangles son unos árboles que se han adaptado a vivir en los suelos ricos en sal de algunas costas cálidas. Forman grandes bosques llamados *manglares* en la enorme laguna que se extiende entre la costa australiana y la Gran Barrera de Coral. Sus ramas colgantes echan raíces y se entrelazan, adoptando formas que parecen mágicas.

El calentamiento de los océanos
Un peligro para los arrecifes de coral

El ecosistema de arrecife es uno de los más ricos en biodiversidad que puede hallarse en el planeta, pero también uno de los más frágiles.

El calentamiento de los océanos por efecto del cambio climático está debilitando los corales y haciéndoles perder sus bellos colores. Además, la explotación de la costa para fines turísticos también pone en peligro esta delicada barrera de roca viva.

Gran tiburón blanco
Un animal grande y peligroso

Entre la enorme variedad de animales que pueblan la Gran Barrera de Coral destaca el gran tiburón blanco. Este poderoso depredador se alimenta de pequeños mamíferos y de peces a los que atrapa con sus mandíbulas, armadas con varias hileras de dientes. Puede medir hasta seis metros, y en realidad no es blanco, sino gris, aunque existen algunos ejemplares albinos.

Frase del capitán Cook
Sobre nuestros límites

«Haz por una vez lo que la gente dice que es imposible, y no volverán a existir limitaciones para ti».

El lugar más frágil
Océano Glacial Ártico
Círculo polar ártico, entre Europa, Asia y América del Norte.

En las regiones más septentrionales del planeta, cerca del polo norte, no existe tierra firme, sino un mar tan frío que buena parte del año permanece helado en su superficie. Se trata del océano Glacial Ártico.

La vida en estas regiones no es fácil. La noche dura seis meses (todo el otoño y el invierno), y se alcanzan temperaturas de hasta 50 grados bajo cero. La primavera y el verano son más benignos, porque hay sol, aunque casi siempre envuelto en niebla. Es el momento en que una parte del hielo se fragmenta, desprendiendo icebergs que flotan como islas de cristal blanco hacia el sur.

A pesar de las duras condiciones, muchos seres vivos se han adaptado a vivir en el Ártico. El problema es que, con el cambio climático, las temperaturas están cambiando..., lo que pone en peligro este frágil ecosistema.

Kalia, el dios del cielo
La leyenda de los inuits

Los pobladores ancestrales de las regiones árticas son los inuits. Según su mitología, en el origen del mundo, Kaila, el dios del cielo, creó al hombre y a la mujer. Después, ordenó a la mujer que hiciese un agujero en el hielo y se pusiese a pescar. La mujer fue sacando del agujero, uno a uno, todos los animales. El último fue el caribú.

—Este animal es mi regalo para vosotros, porque os alimentará —explicó el dios.

Durante mucho tiempo, los humanos se alimentaron de los caribúes, hasta que las manadas comenzaron a enfermar. La mujer fue a quejarse a Kaila, y él le ordenó que volviese a pescar en el hielo. Esta vez, el animal que pescó fue el lobo, que a partir de ese momento se dedicó a cazar a los caribúes enfermos, dejando los demás para los seres humanos.

Océano Glacial Ártico

Brezo enano
La flor de la tundra

¿Pueden crecer flores en las frías regiones polares? Pues lo cierto es que, en verano, sí, al menos donde hay tierra firme. El hielo del subsuelo se funde, y en la tundra se produce una explosión de vida. Entre los arbustos que florecen en esta época se encuentra el brezo enano, con sus delicadas flores en forma de campanillas blancas.

Oso polar
El animal que reina en el Ártico

Con su pelaje blanco y su poderosa figura, el oso polar es, sin duda, el rey del Ártico. Se mueve con soltura sobre el hielo y en el mar para cazar a sus presas, las focas. Pero los osos polares están sufriendo una gran presión debido al calentamiento del clima, ya que su hábitat, la banquisa helada (capa de hielo flotante), se va reduciendo más y más cada año.

El calentamiento climático
El peligro de la fusión de los polos

Debido al cambio climático, cada año hay menos hielo en el Ártico. Esto no solo afecta a los seres que viven allí, sino a todo el planeta. El agua fría que procede de ese hielo cambia la circulación de las corrientes marinas, enfriando el clima de casi toda Europa. Además, el hielo polar refleja parte del calor atmosférico y refresca el clima global. Si desaparece, ¡el calentamiento irá a peor!

Proverbio inuit
Sobre vivir el presente

«El ayer son cenizas y el mañana es madera. Solo hoy arde el fuego con todo su esplendor».

Glosario
Para hablar sobre la naturaleza

Abisal (adj.)
Se dice de los organismos que viven en las zonas más profundas de los océanos. Pueden ser peces, invertebrados o microorganismos de diferentes clases. Muchos organismos abisales presentan bioluminiscencia. ¡Eso quiere decir que emiten luz!

Acantilado
Pared vertical de roca. Generalmente se usa esta palabra solo para paredes de roca costeras, pero también podría hablarse de acantilados en las montañas y en las orillas de los ríos.

Algas
Seres vivos fotosintéticos del reino protoctista. Son las antepasadas de las plantas en la evolución. Viven en aguas saladas o dulces, y pueden ser verdes, rojas o pardas. También las hay microscópicas.

Bioma
Es una parte del planeta que comparte un clima, una flora y una fauna característicos.

Biosfera
Es la capa de la Tierra en la que viven todos los seres vivos. Ocupa desde el fondo de los océanos hasta una altura de 10 km en la atmósfera.

Cambio climático
Es la transformación gradual de las condiciones de temperatura, humedad y circulación de los vientos a escala planetaria provocada por la acumulación de gases de efecto invernadero en la atmósfera.

Corales
Animales invertebrados que viven pegados al sustrato y tienen exoesqueletos de carbonato cálcico que no se destruyen cuando el animal muere. Los corales forman colonias de miles de individuos con los exoesqueletos interconectados formando lo que podríamos llamar una «roca viva». Necesitan aguas limpias para vivir.

Contaminación
Acumulación de residuos o de sustancias nocivas para la naturaleza en el aire, el agua o la tierra.

Depredador
Animal que se alimenta de otros a los que caza. Algunos depredadores muy conocidos son los lobos, las águilas o los osos polares.

Desierto
Bioma que se caracteriza por el clima árido, con lluvias muy escasas y temperaturas extremas, generalmente muy altas de día y muy bajas de noche. Suelen tener muy poca vegetación, y esta presenta adaptaciones para aprovechar al máximo el agua.

Ecosistema
Conjunto formado por una comunidad de seres vivos de distintas especies y el medio natural en el que viven.

Efecto invernadero
Recalentamiento que sufre la atmósfera por la acumulación en ella de gases como el CO_2 y el metano, que retienen el calor y no lo dejan escapar hacia el espacio.

Erosión
Desgaste lento y progresivo que sufren las rocas debido a la acción de los agentes geológicos como el viento, los ríos o el mar a lo largo de millones de años.

Fotosintético
Se dice de los organismos capaces de realizar la fotosíntesis, que es la transformación del CO_2 de la atmósfera en sustancias orgánicas utilizando la luz solar. Son organismos fotosintéticos las plantas y las algas (incluidas las microscópicas).

Jungla
Bioma propio de climas ecuatoriales que se caracteriza por las altas temperaturas y la elevada humedad, condiciones que favorecen la proliferación de grandes masas de vegetación y una gran variedad de vida animal.

Plancton
Conjunto de organismos microscópicos o muy pequeños que flotan en aguas saladas o dulces por debajo de la superficie. Está compuesto por bacterias, protozoos, algas, pequeños invertebrados y larvas de distintos animales.

Tundra
Bioma propio de las regiones subpolares donde el clima es frío y seco todo el año, y la vegetación está compuesta principalmente por musgos y líquenes.

Días señalados
Para recordar el respeto por la naturaleza

Enero
17 Día Mundial de la Nieve
26 Día Mundial de la Educación Ambiental
28 Día Mundial por la Reducción de las Emisiones de CO_2

Febrero
2 Día Mundial de los Humedales
12 Día Mundial de Darwin

Marzo
3 Día Mundial de la Vida Silvestre
5 Día Mundial de la Eficiencia Energética
14 Día Internacional de la Acción por los Ríos
21 Día Internacional de los Bosques
22 Día Mundial del Agua
23 Día Meteorológico Mundial
Último sábado. La hora del Planeta

Abril
22 Día Mundial de la Madre Tierra
24 Día Mundial del Animal de Laboratorio
Último miércoles. Día Internacional de la Concienciación sobre el Ruido

Mayo
2.º sábado. Día Mundial de las Aves Migratorias (también en octubre)
17 Día Mundial del Reciclaje
20 Día Mundial de las Abejas
22 Día Mundial de la Biodiversidad
24 Día Europeo de los Parques Naturales

Junio
3 Día Mundial de la Bicicleta
5 Día Mundial del Medio Ambiente
8 Día Mundial de los Océanos
17 Día Mundial contra la Desertificación y la Sequía
21 Día Internacional del Sol
22 Día Mundial de los Bosques Tropicales
24 Día Internacional contra la Contaminación Electromagnética
28 Día Mundial del Árbol

Julio

- 3 Día Internacional Libre de Bolsas de Plástico
- 7 Día Internacional de la Conservación del Suelo
- 26 Día Internacional de la Defensa del Ecosistema Manglar

Agosto

- 6 Aniversario de Hiroshima (1945)
- 9 Día Internacional de las Poblaciones Indígenas
- 29 Día Internacional contra los Ensayos Nucleares

Septiembre

- 7 Día Internacional del Aire Limpio por un Cielo Azul
- 16 Día Internacional de la Capa de Ozono
- 21 Día Internacional de la Paz
- 21 Día Internacional contra los Monocultivos de Árboles
- 22 Día Mundial sin Coche
- 4.º jueves. Día Marítimo Mundial
- 27 Día Mundial del Turismo
- 29 Día Internacional de Concienciación sobre la Pérdida y el Desperdicio de Alimentos

Octubre

- 4 Día Mundial de los Animales
- 1.er fin de semana. Día Mundial de las Aves
- 1.er lunes. Día Mundial del Hábitat
- 2.º sábado. Día Mundial de las Aves Migratorias (también en mayo)
- 13 Día Internacional para la Reducción del Riesgo de Desastres
- 17 Día Mundial del Reciclaje
- 16 Día Mundial de la Alimentación
- 18 Día Mundial de la Protección de la Naturaleza
- 21 Día Mundial del Ahorro de Energía
- 24 Día Internacional contra el Cambio Climático
- 31 Día Mundial de las Ciudades

Noviembre

- 5 Día Mundial de Concienciación sobre los Tsunamis
- Último viernes. Día Mundial contra el Consumismo

Diciembre

- 5 Día Mundial del Suelo
- 10 Día Internacional de los Derechos Humanos y de los Animales
- 11 Día Internacional de las Montañas